Die lustigen JGELKINDER

Im Auftrag hergestellte Sonderausgabe
mit freundlicher Genehmigung der Breitschopf KG, Wien – München – Zürich

Printed in Austria

Die lustigen Igelkinder

IM HAUSE DER FAMILIE IGEL
DA GIBT ES WEDER SCHLOSS NOCH RIEGEL,
ES WOHNEN HIER TAGAUS, TAGEIN
PAPA, MAMA, DIE KINDERLEIN.

HEUTE IST EIN SCHÖNER MORGEN
SEHR VERGNÜGLICH, OHNE SORGEN.
VATER LIEST DIE ZEITUNG VOR,
MAMA IGEL IST GANZ OHR.

DOCH NUN WILL SIE NICHT MEHR WARTEN,
„KOMMT, WIR GEHEN IN DEN GARTEN!
DIESEN KORB VOLL WÄSCHE HIER,
BRINGT IHR MIR ZUR HECKENTÜR!“

BUMSTI ZIEHT MIT FLEISS DEN WAGEN,
DOCH DAS BABY WIRD GETRAGEN.

HOPSI, UNSER KLEINER MANN,
SCHIEBT VOLL EIFER HINTEN AN.

SEHT DOCH! WER HÄTTE DAS GEDACHT?
DIE ARBEIT IST JA SCHON GEMACHT!
DIE WÄSCHE FLATTERT WILD IM WIND,
IM GRASE SITZT DAS IGELKIND.

NUN ENDLICH IST DER WAGEN FREI,
DRUM SAUSEN HIER MIT VIEL GESCHREI
DIE IGELKINDER FROH UND MUNTER
IN VOLLER FAHRT DEN BERG HINUNTER.

UND LIESCHEN RUFT: „ACH, HOPSI BLEIB!"
ER DENKT AN NEUEN ZEITVERTREIB.
HIER LIEGT EIN BAUMSTAMM GRADE RECHT,
FÜR EINE SCHAUKEL GAR NICHT SCHLECHT!

AUF EINS, ZWEI, DREI GEHT ES SCHON LOS,
HINAUF, HINAB – DIE FREUD' IST GROSS!
SO DURCH DIE LUFT ZU FLIEGEN,
HEI – DAS IST EIN VERGNÜGEN!

WEIL DAS SCHAUKELN HUNGRIG MACHT
UND IM LAUB EIN APFEL LACHT,
KLETTERT STACHELLIESCHEN HEITER
AUF DIE LUST'GE RÄUBERLEITER.

SEHT NUR HER, ES GEHT GANZ LEICHT,
FAST HAT SIE IHN SCHON ERREICHT.
HOFFENTLICH SITZT ER NICHT FEST,
DASS ER LEICHT SICH PFLÜCKEN LÄSST!

OH, WELCH SCHRECKLICH MISSGESCHICK!
JUST IN DIESEM AUGENBLICK
BRICHT DER WAGEN – BUM UND KRACH!
LIESCHEN SCHREIET WEH UND ACH!

SCHON KOMMT SIE IN WEITEM BOGEN
BLITZSCHNELL DURCH DIE LUFT GEFLOGEN,
FLIEGT WOHL MITTEN IN DEN TEICH!
DOCH ZUM GLÜCK – DORT SITZT MAN WEICH!

STACHELLIESCHEN JAMMERT LAUT:
„WASSER SCHADET MEINER HAUT!“
BUMSTI MEINT, ER MUSS ERTRINKEN,
JÄMMERLICH IM SCHMUTZ VERSINKEN!

SCHMERZERFÜLLT REIBT ER DEN RÜCKEN,
OH, WIE SCHWER FÄLLT IHM DAS BÜCKEN!
NIMMER WOLL'N WIR SO WAS TUN!
HOPSI FRAGT: „WER WÄSCHT UNS NUN?“

HOPSI LÄUFT, SCHLEPPT EINS, ZWEI, DREI 16
EINE KANNE RASCH HERBEI.
WASSER MACHT BEKANNTLICH REIN,
REIN SOLL'N ALLE KINDER SEIN!

SCHON LÄSST ER DAS WASSER FLIESSEN. 17
„KOMMT, IHR ZWEI, LASST EUCH BEGIESSEN!"
DA SIE WIEDER SAUBER SIND,
LAUFEN SIE NACH HAUS GESCHWIND.

IGELMAMA SCHIMPFT EIN BISSCHEN,
DOCH DANN TRÖSTET SIE DAS LIESCHEN.
„LEGT EUCH SCHNELL INS BETT HINEIN,
MORGEN WIRD'S VERGESSEN SEIN!“

NUN LIEGEN ALLE DREI SO NETT
IM GROSSEN BUNTEN HIMMELBETT.
GLEICH SCHLÄFT EIN JEDES IGELKIND,
WEIL SIE SO SCHRECKLICH MÜDE SIND.

Familie Jgel

VON DEM SCHÖNEN JAHRMARKTFESTE
GEHEN HEIMWÄRTS NUN DIE GÄSTE.
AM HIMMEL HELL DER VOLLMOND STEHT,
NUR SCHNELL NACH HAUSE, ES IST SPÄT!

DIE IGELLEUTE FRÖHLICH SIND,
KLEIN LIESCHEN HERZT IHR PUPPENKIND.
ES FLIEGT DER NEUE BALL SO HOCH,
ABER BUMSTI FÄNGT IHN DOCH.

EIN FROHES SPIEL IM SONNENSCHEIN,
WER WOLLTE DA NICHT LUSTIG SEIN?
DER BALL FLIEGT BLITZSCHNELL HIN UND HER,
DAS FREUT DIE IGELKINDER SEHR.

MIT VIEL GELÄCHTER UND GESCHREI
VERGNÜGEN SICH DIE MUNTERN DREI.
DOCH LEIDER TREIBEN SIE'S ZU WILD!
WAS FOLGT, SEHT IHR IM NÄCHSTEN BILD!

„SCHAUT EINMAL HER, WIE WERF' ICH WEIT!" 24
RUFT HOPSI VOLLER EITELKEIT.
OH WEH, DER BALL SAUST SCHNELL UND SCHNELLER
UND LANDET – PLATSCH IM SUPPENTELLER!

NACH ALLEN SEITEN SPRITZT DIE BRÜHE, 25
DIE MÜTTERCHEN GEKOCHT MIT MÜHE.
HERRJEMINE, DER SCHRECK IST GROSS,
NUR KLEINCHEN FINDET DAS FAMOS!

BUMSTI, HOPSI, STACHELLIESE
STEHEN TRAURIG IN DER WIESE,
UND DER VATER MAHNEND SPRICHT:
„KINDER, SO WAS TUT MAN NICHT!

HALTET ORDNUNG AUCH BEIM SPIEL,
WAS ZU VIEL IST, IST ZU VIEL!
EUREN BALL NEHM' ICH NUN FORT,
DABEI BLEIBT ES – AUF MEIN WORT!"

IM LIEGESTUHL RUHT ES SICH GUT,
DIE KINDER FASSEN NEUEN MUT,
WIE SCHÖN IST ES IM SONNENSCHEIN,
WER WIRD DA LÄNGER TRAURIG SEIN?

GAR FRIEDLICH SCHLUMMERT FRÄULEIN IGEL,
BEACHTET NICHT DEN MAULWURFSHÜGEL,
DER SICH ALLMÄHLICH WÖLBT EMPOR,
DIE LIESE SCHLÄFT, SIE RÜHRT KEIN OHR.

OH, WELCH EIN BÖSES MISSGESCHICK,
WAS BRINGT DER NÄCHSTE AUGENBLICK?
MAN SIEHT DIE IGELBUBEN LACHEN
UND IHRE DUMMEN SPÄSSE MACHEN.

JEDOCH DER MAULWURF BRAV UND HEITER,
ER KRABBELT UNERMÜDLICH WEITER.
ALLMÄHLICH WIRD DIE ERD' VERSCHOBEN,
DER LEHNSTUHL IN DIE LUFT GEHOBEN.

EH' LIESE WEISS, WIE IHR GESCHAH,
SITZT SIE VERDUTZT IM GRASE DA.
DER MAULWURF BLINZELT STILL UMHER,
DAS GRELLE LICHT, ES STÖRT IHN SEHR.

DANN SPRICHT ER VOLL BESCHEIDENHEIT:
„VERZEIHUNG BITTE, 'S TUT MIR LEID!
DACHTE NIEMAND HIER ZU FINDEN,
DRUM WILL ICH AUCH GLEICH VERSCHWINDEN!“

DIE BUBEN LACHEN SCHADENFROH,
„WAR DAS EIN SPASS – HAHA, HOHO!“
SIE STRAMPELN VOLLER ÜBERMUT,
DEM LEHNSTUHL TUT DAS GAR NICHT GUT.

ER ÄCHZET UNTER DEM GEWICHT,
BIS ER MIT KRACH ZUSAMMENBRICHT!
DA LIEGEN DIE BUBEN UND WEINEN
UND ZAPPELN MIT DEN BEINEN!

MEIN ÄRMEL HAT EIN LOCH, O WEH!
DER RÜCKEN SCHMERZT, O JEMINE!
DAS LIESCHEN TEILT DER BRÜDER SCHMERZ,
HAT ES DOCH EIN GUTES HERZ!

KOMMT ZUR MUTTER NUN NACH HAUSE,
DENN SIE WARTET MIT DER JAUSE,
ALLER SCHMERZ IST SCHNELL VERGESSEN,
WENN WIR SÜSSEN KUCHEN ESSEN!“

Familie Igel auf Reisen

FRAU IGEL HAT HEUT' WÄSCHEFEST,
UND DESHALB, WIE SICH DENKEN LÄSST,
WOHL ALLE HÄNDE VOLL ZU TUN.
HERRJE, WAS IST, WAS GIBT'S DENN NUN?

EI SEHT, DER VATER KOMMT NACH HAUS',
DIE KINDER NAHEN SCHON IM SAUS!
ER SCHWINGT EIN GROSSES WEISSES BLATT.
„RATET, WER UNS GESCHRIEBEN HAT!"

FAMILIE EICHKATZ HAT GESCHRIEBEN:
„KOMMT AUF BESUCH ZU UNS, IHR LIEBEN
UND BLEIBT DIE GANZE FERIENZEIT,
ZWEI ZIMMER STEHN FÜR EUCH BEREIT!“

VIEL ARBEIT GIBT ES VOR DER REISE,
UND JEDER HILFT AUF SEINE WEISE.
DIE KINDER SCHLEPPEN EINS, ZWEI, DREI,
WAS SICH NUR FINDEN LÄSST, HERBEI.

ZUR REISE MUSS BLITZBLANK UND REIN
AUCH UNSER BRAVES AUTO SEIN.
VOLL EIFER HELFEN ALLE MIT,
SELBST KLEINCHEN FOLGT AUF SCHRITT UND TRITT.

VORSICHT, HOPSI, GIB DOCH ACHT,
WEIL DEIN BRUDER UNFUG MACHT!
WASSER SPRÜHT IN HOHEM BOGEN –
BUMSTI, DU BIST UNGEZOGEN!

ZUR ABFAHRT ALLES IST BEREIT.
SCHNELL, RÜSTET EUCH! DER WEG IST WEIT!
DIE KOFFER MÜSSEN AUF DEN WAGEN,
AUCH STACHELLIESCHEN HILFT NUN TRAGEN.
NUR KLEINCHEN SCHREIET WEH UND ACH,
ES MÖCHT' SO GERNE AUF DAS DACH.

„DU DUMMERCHEN, WAS FÄLLT DIR EIN?
DU BIST DOCH WIRKLICH NOCH ZU KLEIN!"

HURRA, JETZT GEHT DIE REISE LOS!
FRAU IGEL WINKT, DIE FREUD'
IST GROSS!

SIE FAHREN NUN INS FERIENGLÜCK!
DIE FREUNDE BLEIBEN STUMM ZURÜCK.
BETRÜBT SIEHT MAN AM WEG SIE STEHN.
„AUF WIEDERSEHN! AUF WIEDERSEHN!"

MAN WINKET HIN, MAN WINKET HER,
„LEBT WOHL, MACHT EUCH DAS HERZ NICHT SCHWER

RECHT FRIEDLICH FÄHRT MAN JETZT DAHIN
UND HAT NUR FRÖHLICHKEIT IM SINN.
DIE FAHRT IST WUNDERSCHÖN – JEDOCH
DIE STRASSE HAT EIN BÖSES LOCH!

ACH, WELCH DUMMES MISSGESCHICK
BRINGT DER NÄCHSTE AUGENBLICK!
ALLES FLIEGT NUN DURCH DIE LUFT,
UND DER MOTOR BRUMMT UND PUFFT!

DER IGELVATER IST ENTSETZT,
„IHR LIEBEN LEUT', WAS TUN WIR JETZT?"
DAS ARME KLEINCHEN WEINT UND KLAGT,
NUN SIND SIE ALLE SEHR VERZAGT.

UND BUMSTI VOLLER EMSIGKEIT,
SO RECHT GESCHICKT UND HILFSBEREIT,
ENTDECKET NEUES UNHEIL NOCH:
DER REIFEN HAT EIN GROSSES LOCH!

KANN MAN DEN SCHADEN NICHT BEHEBEN?
ES MUSS DOCH EINEN AUSWEG GEBEN!
HERBEI – ES HELFE JEDERMANN!
NUN SCHIEBT NACH KRÄFTEN HINTEN AN!

MAN MÜHET UND MAN PLAGT SICH VIEL,
GOTTLOB, ES IST NICHT WEIT ZUM ZIEL;
JEDOCH DER TAG IST BRÜTEND HEISS,
IN HELLEN TROPFEN FLIESST DER SCHWEISS!

AUCH DIESES HAT EIN END' GENOMMEN,
NUN SIND SIE WIRKLICH ANGEKOMMEN.
ERMATTET SINKEN ALLE NIEDER
UND STRECKEN IHRE MÜDEN GLIEDER.

KLEIN BUMSTI FÄCHELT KÜHLUNG ZU,
NUN FINDET MUTTER ENDLICH RUH.
FRAU EICHKATZ HÄLT DEN TEE BEREIT,
O WUNDERSCHÖNE FERIENZEIT!

Ein Fest bei Familie Igel

EIER, BUTTER, SCHOKOLADE,
ZUCKER, MEHL UND MARMELADE,
WER WIRD AUS DEN GUTEN SACHEN
EINE FEINE TORTE MACHEN?

EI, DER TEIG SCHMECKT WIRKLICH FEIN!
WER WIRD DENN SO GARSTIG SEIN?

SEHT DIE IGELBUBEN NASCHEN –
LASST EUCH NICHT MEHR ÜBERRASCHEN.

TROTZDEM IST ZUR RECHTEN ZEIT
ALLES FÜR DAS FEST BEREIT.
LIESCHEN HAT GEBURTSTAG HEUTE.
KOMMT NUR HER, IHR LIEBEN LEUTE!

SCHON SIEHT MAN SIE ANMARSCHIEREN,
ALLE WOLLEN GRATULIEREN.
UND MIT BLUMEN UND GESCHENKEN
WIRD MAN LIESCHEN JETZT BEDENKEN.

STACHELLIESCHEN IST BEGLÜCKT
UND VON ALLEM SEHR ENTZÜCKT.
SEHT VOR UNGEDULD SIE GREIFEN
NACH DEM ROTEN HULA-REIFEN!

UND SCHON FLIEGT ER RUNDHERUM,
UNSER HOPSI LACHT SICH KRUMM.
LIESCHEN JAUCHZT: „ES IST NICHT SCHWER!“
DIESER SPORT GEFÄLLT IHR SEHR.

62

BUMSTI SAGT: „DAS KANN ICH AUCH!“
HOPSI HÄLT SICH SCHON DEN BAUCH!
HEISSA! – HEISSA! – UND HERUM –
KLEINCHEN IST VOR STAUNEN STUMM.

63

HULA-HOOP – UND SCHNELL UND SCHNELLER
HOPSI LANDET AUF DEM TELLER!
ACH, JETZT SITZT ER AUF DER TORTE –
MUTTER FINDET KEINE WORTE.

64

LIESCHEN WEINT, UND KLEINCHEN SCHREIT,
BUMSTI, VOLLER HEITERKEIT,
LACHT UND KICHERT SCHADENFROH,
HOPSI JAMMERT ACH UND OH!

65

SEHT IHN AN, ES IST EIN GRAUS,
WIE SIEHT SEINE HOSE AUS!
SIE HAT EINEN GROSSEN FLECK,
DOCH DIE MUTTER PUTZT IHN WEG.

JETZT IST ALLES WIEDER GUT,
LIESCHEN FASST GLEICH NEUEN MUT.
HEUTE SOLL NICHTS MEHR PASSIEREN!
WILL MAN NOCHMALS GRATULIEREN?

WAS SOLL DAS NUR WIEDER SEIN?
LIESCHEN JUBELT: „ACH, WIE FEIN!“
GERN LÄSST SIE SICH ÜBERRASCHEN.
HOFFENTLICH IST’S WAS ZU NASCHEN!

„STELLT NUR SCHNELL DIE SCHACHTEL HER,
DENN DIE NEUGIER PLAGT MICH SEHR!"
LIESCHEN LÖST MIT FLINKER HAND
SCHON DAS BLAUE SEIDENBAND.

SCHWIRR – DA SAUST GANZ UNGESTÜM
IN DIE LUFT EIN UNGETÜM –
FLIEGT DEM LIESCHEN AN DIE NASE,
KLEINCHEN ZITTERT WIE EIN HASE.

NICHT LANGE UNSER KLEINCHEN WEINT, 70
DENN SEHT, ES WAR NICHT BÖS GEMEINT.
AUCH LIESCHEN IST GLEICH WIEDER GUT,
SIE WEISS, ES WAR NUR ÜBERMUT!

RECHT FRIEDVOLL SETZT MAN SICH ZU TISCH, 71
ISST VON DER TORTE, FROH UND FRISCH,
WENN SIE AUCH ARG BESCHÄDIGT WAR,
SCHMECKT SIE JA TROTZDEM WUNDERBAR.